Mis Platos

....

 Contenido

Receta Nº. 61 ....
Receta Nº. 62 ....
Receta Nº. 63 ....
Receta Nº. 64 ....
Receta Nº. 65 ....
Receta Nº. 66 ....
Receta Nº. 67 ....
Receta Nº. 68 ....
Receta Nº. 69 ....
Receta Nº. 70 ....
Receta Nº. 71 ....
Receta Nº. 72 ....
Receta Nº. 73 ....
Receta Nº. 74 ....
Receta Nº. 75 ....
Receta Nº. 76 ....
Receta Nº. 77 ....
Receta Nº. 78 ....
Receta Nº. 79 ....
Receta Nº. 80 ....
Receta Nº. 81 ....
Receta Nº. 82 ....
Receta Nº. 83 ....
Receta Nº. 84 ....
Receta Nº. 85 ....
Receta Nº. 86 ....
Receta Nº. 87 ....
Receta Nº. 88 ....
Receta Nº. 89 ....
Receta Nº. 90 ....
Receta Nº. 91 ....

Receta N°. 1: ....

🍴 ....   ✂ ....   ⌛ ....
Porciones   Preparacion   Coccion

📋 Ingredientes: 📋 Preparacion:

.... | ....
.... | ....
.... | ....
.... | ....
.... | ....
.... | ....
.... | ....
.... | ....
.... | ....
.... | ....
.... | ....
.... | ....
.... | ....
.... | ....
.... | ....
.... | ....

📝 Notas:

....
....
....
....
....
....

1

Receta Nº. 2: ....

🍴 .... ✂️ .... ⏳ ....
Porciones   Preparacion   Coccion

📋 Ingredientes: ☑️ Preparacion:

.... | ....
.... | ....
.... | ....
.... | ....
.... | ....
.... | ....
.... | ....
.... | ....
.... | ....
.... | ....
.... | ....
.... | ....
.... | ....
.... | ....
.... | ....
.... | ....

📝 Notas:

....
....
....
....
....
....

2

Receta Nº. 3: ....

🍴 ....   ✂ ....   ⏳ ....
　Porciones　　　　　Preparacion　　　　　Coccion

📋 Ingredientes:　📋 Preparacion:

....　|　...
....　|　...
....　|　...
....　|　...
....　|　...
....　|　...
....　|　...
....　|　...
....　|　...
....　|　...
....　|　...
....　|　...
....　|　...
....　|　...
....　|　...
....　|　...

📝 Notas:

....
....
....
....
....
....

Receta Nº. 4: ....

🍴 .... ✂️ .... ⏳ ....
　Porciones　　　　Preparacion　　　　Coccion

📋 Ingredientes: 📋 Preparacion:

.... | ....
.... | ....
.... | ....
.... | ....
.... | ....
.... | ....
.... | ....
.... | ....
.... | ....
.... | ....
.... | ....
.... | ....
.... | ....
.... | ....
.... | ....
.... | ....

📝 Notas:

....
....
....
....
....
....

4

Receta Nº. 5: ....

🍴 .... 🔧 .... ⏳ ....
    Porciones   Preparacion   Coccion

📋 Ingredientes: 📄 Preparacion:

....
....
....
....
....
....
....
....
....
....
....
....
....
....
....

📝 Notas:

....
....
....
....
....
....

5

Receta Nº. 6: ....

....
Porciones

....
Preparacion

....
Coccion

Ingredientes: Preparacion:

.... | ....
.... | ....
.... | ....
.... | ....
.... | ....
.... | ....
.... | ....
.... | ....
.... | ....
.... | ....
.... | ....
.... | ....
.... | ....
.... | ....
.... | ....
.... | ....

Notas:

....
....
....
....
....
....

Receta Nº. 7: ....

🍴 ....   ✂ ....   ⏳ ....
Porciones   Preparacion   Coccion

📋 Ingredientes: 📋 Preparacion:

.... | ....
.... | ....
.... | ....
.... | ....
.... | ....
.... | ....
.... | ....
.... | ....
.... | ....
.... | ....
.... | ....
.... | ....
.... | ....
.... | ....
.... | ....
.... | ....

📝 Notas:

....
....
....
....
....
....

Receta Nº. 8: ....

🍴 ....   ✂ ....   ⏳ ....
   Porciones   Preparacion   Coccion

📋 Ingredientes: 📋 Preparacion:

.... | ....
.... | ....
.... | ....
.... | ....
.... | ....
.... | ....
.... | ....
.... | ....
.... | ....
.... | ....
.... | ....
.... | ....
.... | ....
.... | ....
.... | ....
.... | ....

📝 Notas:

....
....
....
....
....
....

8

Receta Nº. 9: ....

🍴 .... Porciones   ✕ .... Preparacion   ⏳ .... Coccion

📋 Ingredientes: 📄 Preparacion:

....
....
....
....
....
....
....
....
....
....
....
....
....
....
....

📝 Notas:

....
....
....
....
....
....

Receta Nº. 10: ....

🍴 ....   ✂ ....   ⌛ ....
Porciones   Preparacion   Coccion

📋 Ingredientes: 📝 Preparacion:

.... | ....
.... | ....
.... | ....
.... | ....
.... | ....
.... | ....
.... | ....
.... | ....
.... | ....
.... | ....
.... | ....
.... | ....
.... | ....
.... | ....
.... | ....

📝 Notas:

....
....
....
....
....
....

Receta Nº. 11: ....

🍴 ....   🛠 ....   ⏳ ....
     Porciones   Preparacion   Coccion

📋 Ingredientes: 📄 Preparacion:

.... | ....
.... | ....
.... | ....
.... | ....
.... | ....
.... | ....
.... | ....
.... | ....
.... | ....
.... | ....
.... | ....
.... | ....
.... | ....
.... | ....
.... | ....
.... | ....

📝 Notas:

....
....
....
....
....
....

Receta Nº. 12: ....

🍴 .... Porciones

✂️ .... Preparacion

⏳ .... Coccion

📋 Ingredientes: ☑️ Preparacion:

.... | ....
.... | ....
.... | ....
.... | ....
.... | ....
.... | ....
.... | ....
.... | ....
.... | ....
.... | ....
.... | ....
.... | ....
.... | ....
.... | ....
.... | ....

📝 Notas:

....
....
....
....
....
....

Receta Nº. 13: ....

Porciones ....

Preparacion ....

Coccion ....

Ingredientes: ## Preparacion:

.... | ....
.... | ....
.... | ....
.... | ....
.... | ....
.... | ....
.... | ....
.... | ....
.... | ....
.... | ....
.... | ....
.... | ....
.... | ....
.... | ....
.... | ....

Notas:

....
....
....
....
....
....

Receta Nº. 14: ....

🍴 .... Porciones   🔧 .... Preparacion   ⏳ .... Coccion

📋 Ingredientes: 📋 Preparacion:

.... | ....
.... | ....
.... | ....
.... | ....
.... | ....
.... | ....
.... | ....
.... | ....
.... | ....
.... | ....
.... | ....
.... | ....
.... | ....
.... | ....
.... | ....
.... | ....

📝 Notas:

....
....
....
....
....
....

Receta Nº. 15: ....

🍴 ....   ✂ ....   ⏳ ....
Porciones   Preparacion   Coccion

📋 Ingredientes: 📋 Preparacion:

....	....
....	....
....	....
....	....
....	....
....	....
....	....
....	....
....	....
....	....
....	....
....	....
....	....
....	....
....	....
....	....

📝 Notas:

....
....
....
....
....
....

Receta Nº. 16: ....

🍴 .... Porciones

✂ .... Preparacion

⏳ .... Coccion

📋 Ingredientes:

📝 Preparacion:

....

....

....

....

....

....

....

....

....

....

....

....

....

....

....

📝 Notas:

....

....

....

....

....

....

16

Receta Nº. 17: ....

🍴 ....
   Porciones

🔧 ....
   Preparacion

⏳ ....
   Coccion

📋 Ingredientes: 📄 Preparacion:

.... | ....
.... | ....
.... | ....
.... | ....
.... | ....
.... | ....
.... | ....
.... | ....
.... | ....
.... | ....
.... | ....
.... | ....
.... | ....
.... | ....
.... | ....
.... | ....

✍ Notas:

....
....
....
....
....
....

Receta Nº. 18: ....

🍴 ....   ⚒ ....   ⏳ ....
Porciones   Preparacion   Coccion

📋 Ingredientes: 📋 Preparacion:

.... | ....
.... | ....
.... | ....
.... | ....
.... | ....
.... | ....
.... | ....
.... | ....
.... | ....
.... | ....
.... | ....
.... | ....
.... | ....
.... | ....
.... | ....

📝 Notas:

....
....
....
....
....
....

Receta N°. 19: ....

Porciones   Preparacion   Coccion

Ingredientes: Preparacion:

....
....
....
....
....
....
....
....
....
....
....
....
....
....
....

Notas:

....
....
....
....
....
....

Receta Nº. 20: ....

Porciones Preparacion Coccion

📋 Ingredientes: 📋 Preparacion:

.... | ....
.... | ....
.... | ....
.... | ....
.... | ....
.... | ....
.... | ....
.... | ....
.... | ....
.... | ....
.... | ....
.... | ....
.... | ....
.... | ....
.... | ....
.... | ....

📝 Notas:

....
....
....
....
....
....

Receta Nº. 21: ....

🍴 ....   ✂ ....   ⧗ ....
Porciones   Preparacion   Coccion

📋 Ingredientes: 📄 Preparacion:

....
....
....
....
....
....
....
....
....
....
....
....
....
....
....
....

📝 Notas:

....
....
....
....
....
....

Receta Nº. 22: ....

🍴 ....   ✂ ....   ⏳ ....
   Porciones   Preparacion   Coccion

📋 Ingredientes: 📋 Preparacion:

.... | ....
.... | ....
.... | ....
.... | ....
.... | ....
.... | ....
.... | ....
.... | ....
.... | ....
.... | ....
.... | ....
.... | ....
.... | ....
.... | ....
.... | ....

📝 Notas:

....
....
....
....
....
....

Receta Nº. 23: ....

🍴 .... Porciones   ✂ .... Preparacion   ⧗ .... Coccion

📋 Ingredientes: 📋 Preparacion:

.... | ....
.... | ....
.... | ....
.... | ....
.... | ....
.... | ....
.... | ....
.... | ....
.... | ....
.... | ....
.... | ....
.... | ....
.... | ....
.... | ....
.... | ....

📝 Notas:

....
....
....
....
....
....

Receta Nº. 24: ....

🍴 ....
Porciones

✗ ....
Preparacion

⧗ ....
Coccion

📋 Ingredientes: ☑ Preparacion:

.... | ....
.... | ....
.... | ....
.... | ....
.... | ....
.... | ....
.... | ....
.... | ....
.... | ....
.... | ....
.... | ....
.... | ....
.... | ....
.... | ....
.... | ....
.... | ....

📝 Notas:

....
....
....
....
....
....

24

Receta Nº. 25: ....

🍴 .... Porciones   🔧 .... Preparacion   ⏳ .... Coccion

📋 Ingredientes: 📋 Preparacion:

Ingredientes	Preparacion
....	....
....	....
....	....
....	....
....	....
....	....
....	....
....	....
....	....
....	....
....	....
....	....
....	....
....	....
....	....

📝 Notas:

....
....
....
....
....
....

Receta N°. 26: ....

🍴 ....   🔧 ....   ⏳ ....
Porciones   Preparacion   Coccion

📋 Ingredientes: 📋 Preparacion:

....
....
....
....
....
....
....
....
....
....
....
....
....
....
....
....

📝 Notas:

....
....
....
....
....
....

Receta Nº. 27: ....

Porciones

Preparacion

Coccion

Ingredientes:

Preparacion:

Notas:

Receta Nº. 28: ....

🍴 .... ✂️ .... ⏳ ....
Porciones   Preparacion   Coccion

📋 Ingredientes: 📄 Preparacion:

.... | ....
.... | ....
.... | ....
.... | ....
.... | ....
.... | ....
.... | ....
.... | ....
.... | ....
.... | ....
.... | ....
.... | ....
.... | ....
.... | ....
.... | ....
.... | ....

📝 Notas:

....
....
....
....
....
....

28

Receta Nº. 29: ....

🍴 ....   🔧 ....   ⏳ ....
Porciones   Preparacion   Coccion

📋 Ingredientes: 📄 Preparacion:

.... | ....
.... | ....
.... | ....
.... | ....
.... | ....
.... | ....
.... | ....
.... | ....
.... | ....
.... | ....
.... | ....
.... | ....
.... | ....
.... | ....
.... | ....

📝 Notas:

....
....
....
....
....
....

Receta Nº. 30: ....

🍴 ....   ✂ ....   ⧗ ....
   Porciones   Preparacion   Coccion

📋 Ingredientes: 📋 Preparacion:

.... | ....
.... | ....
.... | ....
.... | ....
.... | ....
.... | ....
.... | ....
.... | ....
.... | ....
.... | ....
.... | ....
.... | ....
.... | ....
.... | ....
.... | ....
.... | ....

📝 Notas:

....
....
....
....
....
....

30

Receta Nº. 31: ....

🍴 ....
Porciones

✂ ....
Preparacion

⌛ ....
Coccion

📋 Ingredientes: 📄 Preparacion:

....
....
....
....
....
....
....
....
....
....
....
....
....
....
....
....

📝 Notas:

....
....
....
....
....
....

Receta Nº. 32: ....

🍴 ....   🔧 ....   ⏳ ....
  Porciones   Preparacion   Coccion

📋 Ingredientes: 📋 Preparacion:

.... | ....
.... | ....
.... | ....
.... | ....
.... | ....
.... | ....
.... | ....
.... | ....
.... | ....
.... | ....
.... | ....
.... | ....
.... | ....
.... | ....
.... | ....
.... | ....

📝 Notas:

....
....
....
....
....
....

32

Receta Nº. 33: ....

🍴 ....   🔧 ....   ⏳ ....
    Porciones   Preparacion   Coccion

📋 Ingredientes: 📋 Preparacion:

....
....
....
....
....
....
....
....
....
....
....
....
....
....
....
....

📝 Notas:

....
....
....
....
....
....

Receta Nº. 34: ....

🍴 ....   ⚒ ....   ⌛ ....
　 Porciones　　　　 Preparacion　　　　 Coccion

📋 Ingredientes: 📋 Preparacion:

.... | ....
.... | ....
.... | ....
.... | ....
.... | ....
.... | ....
.... | ....
.... | ....
.... | ....
.... | ....
.... | ....
.... | ....
.... | ....
.... | ....
.... | ....

📝 Notas:

....
....
....
....
....
....

34

Receta Nº. 35: ....

🍴 .... 🔧 .... ⏳ ....
   Porciones   Preparacion   Coccion

📋 Ingredientes: 📄 Preparacion:

.... | ....
.... | ....
.... | ....
.... | ....
.... | ....
.... | ....
.... | ....
.... | ....
.... | ....
.... | ....
.... | ....
.... | ....
.... | ....
.... | ....
.... | ....

✒️ Notas:

....
....
....
....
....
....

Receta Nº. 36: ....

🍴 .... Porciones   ✂ .... Preparacion   ⌛ .... Coccion

📋 Ingredientes: 📋 Preparacion:

.... | ....
.... | ....
.... | ....
.... | ....
.... | ....
.... | ....
.... | ....
.... | ....
.... | ....
.... | ....
.... | ....
.... | ....
.... | ....
.... | ....
.... | ....
.... | ....

📝 Notas:

....
....
....
....
....
....

36

Receta Nº. 37: ....

🍴 .... Porciones   🔧 .... Preparacion   ⏳ .... Coccion

📋 Ingredientes: 📋 Preparacion:

Ingredientes	Preparacion
....	....
....	....
....	....
....	....
....	....
....	....
....	....
....	....
....	....
....	....
....	....
....	....
....	....
....	....
....	....
....	....

📝 Notas:

....
....
....
....
....
....

Receta Nº. 38: ....

🍴 ....   ✂ ....   ⧖ ....
    Porciones   Preparacion   Coccion

📋 Ingredientes: 📋 Preparacion:

.... | ....
.... | ....
.... | ....
.... | ....
.... | ....
.... | ....
.... | ....
.... | ....
.... | ....
.... | ....
.... | ....
.... | ....
.... | ....
.... | ....
.... | ....
.... | ....

📝 Notas:

....
....
....
....
....
....

38

Receta N°. 39: ....

🍴 ....   🔧 ....   ⏳ ....
    Porciones   Preparacion   Coccion

📋 Ingredientes: 📋 Preparacion:

.... | ....
.... | ....
.... | ....
.... | ....
.... | ....
.... | ....
.... | ....
.... | ....
.... | ....
.... | ....
.... | ....
.... | ....
.... | ....
.... | ....
.... | ....
.... | ....

📝 Notas:

....
....
....
....
....
....

Receta Nº. 40: ....

🍴 .... Porciones   ✂ .... Preparacion   ⏳ .... Coccion

📋 Ingredientes: 📄 Preparacion:

.... | ....
.... | ....
.... | ....
.... | ....
.... | ....
.... | ....
.... | ....
.... | ....
.... | ....
.... | ....
.... | ....
.... | ....
.... | ....
.... | ....
.... | ....

📝 Notas:

....
....
....
....
....
....

Receta N°. 41: ....

🍴 ....   🛠 ....   ⏳ ....
   Porciones   Preparacion   Coccion

📋 Ingredientes: 📋 Preparacion:

.... | ....
.... | ....
.... | ....
.... | ....
.... | ....
.... | ....
.... | ....
.... | ....
.... | ....
.... | ....
.... | ....
.... | ....
.... | ....
.... | ....
.... | ....

📝 Notas:

....
....
....
....
....
....

Receta Nº. 42: ....

🍴 ....   ✂ ....   ⧗ ....
   Porciones   Preparacion   Coccion

📋 Ingredientes: ☑ Preparacion:

.... | ....
.... | ....
.... | ....
.... | ....
.... | ....
.... | ....
.... | ....
.... | ....
.... | ....
.... | ....
.... | ....
.... | ....
.... | ....
.... | ....
.... | ....
.... | ....

📝 Notas:

....
....
....
....
....
....

Receta Nº. 43: ....

🍴 .... ⚒ .... ⏳ ....
Porciones   Preparacion   Coccion

📋 Ingredientes: 📝 Preparacion:

.... | ....
.... | ....
.... | ....
.... | ....
.... | ....
.... | ....
.... | ....
.... | ....
.... | ....
.... | ....
.... | ....
.... | ....
.... | ....
.... | ....

📝 Notas:

....
....
....
....
....
....

43

Receta Nº. 44:

.... Porciones

.... Preparacion

.... Coccion

📋 Ingredientes:

📋 Preparacion:

📝 Notas:

Receta Nº. 45: ....

🍴 .... ✂ .... ⏳ ....
Porciones   Preparacion   Coccion

📋 Ingredientes: 📋 Preparacion:

.... │ ....
.... │ ....
.... │ ....
.... │ ....
.... │ ....
.... │ ....
.... │ ....
.... │ ....
.... │ ....
.... │ ....
.... │ ....
.... │ ....
.... │ ....
.... │ ....
.... │ ....
.... │ ....

📝 Notas:

....
....
....
....
....
....

45

Receta Nº. 46: ....

Porciones   Preparacion   Coccion

Ingredientes: Preparacion:

.... | ....
.... | ....
.... | ....
.... | ....
.... | ....
.... | ....
.... | ....
.... | ....
.... | ....
.... | ....
.... | ....
.... | ....
.... | ....
.... | ....
.... | ....
.... | ....

Notas:

....
....
....
....
....
....

46

Receta Nº. 47: ....

🍴 ....   🔧 ....   ⏳ ....
    Porciones   Preparacion   Coccion

📋 Ingredientes: 📄 Preparacion:

📝 Notas:

Receta Nº. 48: ....

🍴 .... 🔧 .... ⏳ ....
Porciones   Preparacion   Coccion

📋 Ingredientes: 📋 Preparacion:

.... | ....
.... | ....
.... | ....
.... | ....
.... | ....
.... | ....
.... | ....
.... | ....
.... | ....
.... | ....
.... | ....
.... | ....
.... | ....
.... | ....
.... | ....

📝 Notas:

....
....
....
....
....
....

Receta Nº. 49: ....

🍴 .... Porciones   ✂ .... Preparacion   ⏳ .... Coccion

📋 Ingredientes: 📋 Preparacion:

📝 Notas:

....
....
....
....
....
....

49

Receta Nº. 50: ....

🍴 ....   ✂ ....   ⌛ ....
    Porciones   Preparacion   Coccion

📋 Ingredientes: 📋 Preparacion:

.... | ....
.... | ....
.... | ....
.... | ....
.... | ....
.... | ....
.... | ....
.... | ....
.... | ....
.... | ....
.... | ....
.... | ....
.... | ....
.... | ....
.... | ....
.... | ....

📝 Notas:

....
....
....
....
....
....

Receta Nº. 51: ....

🍴 .... ✂ .... ⏳ ....
Porciones   Preparacion   Coccion

📋 Ingredientes: 📋 Preparacion:

.... | ....
.... | ....
.... | ....
.... | ....
.... | ....
.... | ....
.... | ....
.... | ....
.... | ....
.... | ....
.... | ....
.... | ....
.... | ....
.... | ....
.... | ....
.... | ....

📝 Notas:

....
....
....
....
....
....

Receta Nº. 52: ....

🍴 ....   ✂ ....   ⧗ ....
    Porciones   Preparacion   Coccion

📋 Ingredientes: 📋 Preparacion:

....
....
....
....
....
....
....
....
....
....
....
....
....
....
....
....

📝 Notas:

....
....
....
....
....
....

Receta Nº. 53: ....

🍴 .... Porciones   ✂ .... Preparacion   ⧗ .... Coccion

📋 Ingredientes: 📄 Preparacion:

📝 Notas:

Receta Nº. 54: ....

🍴 ....   ✂ ....   ⏳ ....
Porciones   Preparacion   Coccion

📋 Ingredientes: 📋 Preparacion:

.... | ....
.... | ....
.... | ....
.... | ....
.... | ....
.... | ....
.... | ....
.... | ....
.... | ....
.... | ....
.... | ....
.... | ....
.... | ....
.... | ....
.... | ....
.... | ....

📝 Notas:

....
....
....
....
....
....

54

Receta Nº. 55: ....

Porciones   Preparacion   Coccion

Ingredientes: ## Preparacion:

Notas:

55

Receta Nº. 56: ....

🍴 ....
Porciones

✂ ....
Preparacion

⏳ ....
Coccion

📋 Ingredientes: ☑ Preparacion:

....
....
....
....
....
....
....
....
....
....
....
....
....
....
....
....

📝 Notas:

....
....
....
....
....
....

56

Receta Nº. 57: ....

Porciones   Preparacion   Coccion

📋 Ingredientes: 📋 Preparacion:

.... | ....
.... | ....
.... | ....
.... | ....
.... | ....
.... | ....
.... | ....
.... | ....
.... | ....
.... | ....
.... | ....
.... | ....
.... | ....
.... | ....
.... | ....
.... | ....

📝 Notas:

....
....
....
....
....
....

Receta Nº. 58: ....

🍴 ....   ✂ ....   ⧖ ....
   Porciones   Preparacion   Coccion

📋 Ingredientes: 📋 Preparacion:

.... | ....
.... | ....
.... | ....
.... | ....
.... | ....
.... | ....
.... | ....
.... | ....
.... | ....
.... | ....
.... | ....
.... | ....
.... | ....
.... | ....
.... | ....
.... | ....

📝 Notas:

....
....
....
....
....
....

Receta Nº. 59: ....

🍴 .... ✂ .... ⏳ ....
  Porciones   Preparacion   Coccion

📋 Ingredientes: 📄 Preparacion:

.... | ....
.... | ....
.... | ....
.... | ....
.... | ....
.... | ....
.... | ....
.... | ....
.... | ....
.... | ....
.... | ....
.... | ....
.... | ....
.... | ....
.... | ....
.... | ....

📝 Notas:

....
....
....
....
....
....

Receta Nº. 60: ....

🍴 ....
Porciones

🔧 ....
Preparacion

⏳ ....
Coccion

📋 Ingredientes: ☑ Preparacion:

.... | ....
.... | ....
.... | ....
.... | ....
.... | ....
.... | ....
.... | ....
.... | ....
.... | ....
.... | ....
.... | ....
.... | ....
.... | ....
.... | ....
.... | ....
.... | ....

📝 Notas:

....
....
....
....
....
....

60

Receta Nº. 61: ....

Porciones   Preparacion   Coccion

Ingredientes: ## Preparacion:

.... | ....
.... | ....
.... | ....
.... | ....
.... | ....
.... | ....
.... | ....
.... | ....
.... | ....
.... | ....
.... | ....
.... | ....
.... | ....
.... | ....
.... | ....
.... | ....

Notas:

....
....
....
....
....
....

Receta Nº. 62: ....

🍴 ....   ✂️ ....   ⏳ ....
   Porciones   Preparacion   Coccion

📋 Ingredientes: 📋 Preparacion:

.... | ....
.... | ....
.... | ....
.... | ....
.... | ....
.... | ....
.... | ....
.... | ....
.... | ....
.... | ....
.... | ....
.... | ....
.... | ....
.... | ....
.... | ....
.... | ....

📝 Notas:

....
....
....
....
....
....

Receta Nº. 63: ....

🍴 ....   ✂ ....   ⏳ ....
Porciones   Preparacion   Coccion

📋 Ingredientes: 📋 Preparacion:

.... | ....
.... | ....
.... | ....
.... | ....
.... | ....
.... | ....
.... | ....
.... | ....
.... | ....
.... | ....
.... | ....
.... | ....
.... | ....
.... | ....
.... | ....
.... | ....

📝 Notas:

....
....
....
....
....
....

63

Receta Nº. 64: ....

🍴 .... ✂ .... ⏳ ....
  Porciones   Preparacion   Coccion

📋 Ingredientes: 📄 Preparacion:

.... | ....
.... | ....
.... | ....
.... | ....
.... | ....
.... | ....
.... | ....
.... | ....
.... | ....
.... | ....
.... | ....
.... | ....
.... | ....
.... | ....
.... | ....
.... | ....

📝 Notas:

....
....
....
....
....
....

Receta N°. 65: ....

🍴 ....   ✂ ....   ⏳ ....
   Porciones   Preparacion   Coccion

📋 Ingredientes: 📄 Preparacion:

.... | ....
.... | ....
.... | ....
.... | ....
.... | ....
.... | ....
.... | ....
.... | ....
.... | ....
.... | ....
.... | ....
.... | ....
.... | ....
.... | ....
.... | ....
.... | ....
.... | ....

📝 Notas:

....
....
....
....
....
....

Receta Nº. 66: ....

🍴 ....
Porciones

✂ ....
Preparacion

⏳ ....
Coccion

📋 Ingredientes: 📋 Preparacion:

....
....
....
....
....
....
....
....
....
....
....
....
....
....
....
....

📝 Notas:

....
....
....
....
....
....

Receta Nº. 67: ....

🍴 ....   ✂ ....   ⏳ ....
   Porciones   Preparacion   Coccion

📋 Ingredientes: 📋 Preparacion:

.... │ ....
.... │ ....
.... │ ....
.... │ ....
.... │ ....
.... │ ....
.... │ ....
.... │ ....
.... │ ....
.... │ ....
.... │ ....
.... │ ....
.... │ ....
.... │ ....
.... │ ....
.... │ ....

📝 Notas:

....
....
....
....
....
....

Receta Nº. 68: ....

🍴 ....   🔧 ....   ⏳ ....
Porciones   Preparacion   Coccion

📋 Ingredientes: ☑ Preparacion:

.... | ....
.... | ....
.... | ....
.... | ....
.... | ....
.... | ....
.... | ....
.... | ....
.... | ....
.... | ....
.... | ....
.... | ....
.... | ....
.... | ....
.... | ....
.... | ....

📝 Notas:

....
....
....
....
....
....

Receta Nº. 69: ....

🍴 .... ✂ .... ⏳ ....
Porciones   Preparacion   Coccion

📋 Ingredientes: 📋 Preparacion:

.... | ....
.... | ....
.... | ....
.... | ....
.... | ....
.... | ....
.... | ....
.... | ....
.... | ....
.... | ....
.... | ....
.... | ....
.... | ....
.... | ....
.... | ....
.... | ....

📝 Notas:

....
....
....
....
....
....

Receta Nº. 70: ....

🍴 .... ✂ .... ⧗ ....
Porciones   Preparacion   Coccion

📋 Ingredientes: 📋 Preparacion:

.... | ....
.... | ....
.... | ....
.... | ....
.... | ....
.... | ....
.... | ....
.... | ....
.... | ....
.... | ....
.... | ....
.... | ....
.... | ....
.... | ....
.... | ....

📝 Notas:

....
....
....
....
....
....

70

Receta Nº. 71: ....

🍴 ....
Porciones

⚒ ....
Preparacion

⧗ ....
Coccion

📋 Ingredientes: 📄 Preparacion:

.... | ....
.... | ....
.... | ....
.... | ....
.... | ....
.... | ....
.... | ....
.... | ....
.... | ....
.... | ....
.... | ....
.... | ....
.... | ....
.... | ....
.... | ....

📝 Notas:

....
....
....
....
....
....

Receta Nº. 72: ....

🍴 ....
   Porciones

🔧 ....
   Preparacion

⏳ ....
   Coccion

📋 Ingredientes: 📋 Preparacion:

.... | ....
.... | ....
.... | ....
.... | ....
.... | ....
.... | ....
.... | ....
.... | ....
.... | ....
.... | ....
.... | ....
.... | ....
.... | ....
.... | ....
.... | ....
.... | ....

📝 Notas:

....
....
....
....
....
....

72

Receta Nº. 73: ....

🍴 .... 　🔧 ....　⧖ ....
Porciones　　　　Preparacion　　　　Coccion

📋 Ingredientes:　📋 Preparacion:

.... | ....
.... | ....
.... | ....
.... | ....
.... | ....
.... | ....
.... | ....
.... | ....
.... | ....
.... | ....
.... | ....
.... | ....
.... | ....
.... | ....
.... | ....
.... | ....

📝 Notas:

....
....
....
....
....
....

73

Receta Nº. 74: ....

.... Porciones

.... Preparacion

.... Coccion

Ingredientes:

Preparacion:

.... | ....
.... | ....
.... | ....
.... | ....
.... | ....
.... | ....
.... | ....
.... | ....
.... | ....
.... | ....
.... | ....
.... | ....
.... | ....
.... | ....
.... | ....
.... | ....

Notas:

....
....
....
....
....
....

74

Receta Nº. 75: ....

🍴 ....
Porciones

✂ ....
Preparacion

⧗ ....
Coccion

📋 Ingredientes: 📋 Preparacion:

.... | ....
.... | ....
.... | ....
.... | ....
.... | ....
.... | ....
.... | ....
.... | ....
.... | ....
.... | ....
.... | ....
.... | ....
.... | ....
.... | ....
.... | ....
.... | ....

📝 Notas:

....
....
....
....
....
....

Receta Nº. 76: ....

🍴 ....   ✂️ ....   ⏳ ....
   Porciones   Preparacion   Coccion

📋 Ingredientes: 📄 Preparacion:

Ingredientes	Preparacion
....	....
....	....
....	....
....	....
....	....
....	....
....	....
....	....
....	....
....	....
....	....
....	....
....	....
....	....
....	....
....	....

📝 Notas:

....
....
....
....
....
....

Receta Nº. 77: ....

🍴 .... Porciones   ✂ .... Preparacion   ⧗ .... Coccion

📋 Ingredientes: 📄 Preparacion:

.... | ....
.... | ....
.... | ....
.... | ....
.... | ....
.... | ....
.... | ....
.... | ....
.... | ....
.... | ....
.... | ....
.... | ....
.... | ....
.... | ....
.... | ....
.... | ....

📝 Notas:

....
....
....
....
....
....

Receta Nº. 78: ....

🍴 ....   🔧 ....   ⏳ ....
   Porciones   Preparacion   Coccion

📋 Ingredientes: 📋 Preparacion:

.... | ....
.... | ....
.... | ....
.... | ....
.... | ....
.... | ....
.... | ....
.... | ....
.... | ....
.... | ....
.... | ....
.... | ....
.... | ....
.... | ....
.... | ....
.... | ....

📝 Notas:

....
....
....
....
....
....

Receta Nº. 79: ....

🍴 ....
   Porciones

✂ ....
   Preparacion

⏳ ....
   Coccion

📋 Ingredientes: 📋 Preparacion:

.... | ....
.... | ....
.... | ....
.... | ....
.... | ....
.... | ....
.... | ....
.... | ....
.... | ....
.... | ....
.... | ....
.... | ....
.... | ....
.... | ....
.... | ....
.... | ....

📝 Notas:

....
....
....
....
....
....

Receta Nº. 80: ....

🍴 ....   ✂ ....   ⏳ ....
     Porciones   Preparacion   Coccion

📋 Ingredientes: ☑ Preparacion:

.... | ....
.... | ....
.... | ....
.... | ....
.... | ....
.... | ....
.... | ....
.... | ....
.... | ....
.... | ....
.... | ....
.... | ....
.... | ....
.... | ....
.... | ....
.... | ....

📝 Notas:

....
....
....
....
....
....

Receta Nº. 81: ....

🍴 .... 🔧 .... ⏳ ....
   Porciones   Preparacion   Coccion

📋 Ingredientes: 📋 Preparacion:

.... | ....
.... | ....
.... | ....
.... | ....
.... | ....
.... | ....
.... | ....
.... | ....
.... | ....
.... | ....
.... | ....
.... | ....
.... | ....
.... | ....
.... | ....
.... | ....

📝 Notas:

....
....
....
....
....
....

Receta Nº. 82: ....

🍴 .... ✂ .... ⏳ ....
  Porciones   Preparacion   Coccion

📋 Ingredientes: 📋 Preparacion:

.... | ....
.... | ....
.... | ....
.... | ....
.... | ....
.... | ....
.... | ....
.... | ....
.... | ....
.... | ....
.... | ....
.... | ....
.... | ....
.... | ....
.... | ....
.... | ....

📝 Notas:

....
....
....
....
....
....

Receta Nº. 83: ....

🍴 .... Porciones   ✂ .... Preparacion   ⏳ .... Coccion

📋 Ingredientes: 📄 Preparacion:

.... | ....
.... | ....
.... | ....
.... | ....
.... | ....
.... | ....
.... | ....
.... | ....
.... | ....
.... | ....
.... | ....
.... | ....
.... | ....
.... | ....
.... | ....

📝 Notas:

....
....
....
....
....
....

Receta Nº. 84: ....

🍴 ....   ✂ ....   ⧗ ....
  Porciones   Preparacion   Coccion

📋 Ingredientes: 📋 Preparacion:

.... | ....
.... | ....
.... | ....
.... | ....
.... | ....
.... | ....
.... | ....
.... | ....
.... | ....
.... | ....
.... | ....
.... | ....
.... | ....
.... | ....
.... | ....
.... | ....

📝 Notas:

....
....
....
....
....
....

Receta N°. 85: ....

🍴 .... Porciones   ✂️ .... Preparacion   ⏳ .... Coccion

📋 Ingredientes: 📋 Preparacion:

....
....
....
....
....
....
....
....
....
....
....
....
....
....
....

✏️ Notas:

....
....
....
....
....
....

Receta Nº. 86: ....

🍴 ....   ✂ ....   ⏳ ....
   Porciones   Preparacion   Coccion

📋 Ingredientes: 📋 Preparacion:

.... | ....
.... | ....
.... | ....
.... | ....
.... | ....
.... | ....
.... | ....
.... | ....
.... | ....
.... | ....
.... | ....
.... | ....
.... | ....
.... | ....
.... | ....
.... | ....

📝 Notas:

....
....
....
....
....
....

Receta Nº. 87: ....

🍴 .... Porciones   🔧 .... Preparacion   ⌛ .... Coccion

📋 Ingredientes: 📋 Preparacion:

.... | ....
.... | ....
.... | ....
.... | ....
.... | ....
.... | ....
.... | ....
.... | ....
.... | ....
.... | ....
.... | ....
.... | ....
.... | ....
.... | ....
.... | ....
.... | ....

📝 Notas:

....
....
....
....
....
....

Receta Nº. 88: ....

🍴 .... 　　 ✂ .... 　　 ⏳ ....
　Porciones 　　　　　Preparacion 　　　　　Coccion

📋 Ingredientes: 　📋 Preparacion:

.... 　|　 ....
.... 　|　 ....
.... 　|　 ....
.... 　|　 ....
.... 　|　 ....
.... 　|　 ....
.... 　|　 ....
.... 　|　 ....
.... 　|　 ....
.... 　|　 ....
.... 　|　 ....
.... 　|　 ....
.... 　|　 ....
.... 　|　 ....
.... 　|　 ....
.... 　|　 ....

📝 Notas:

....
....
....
....
....
....

Receta Nº. 89: ....

🍴 .... 🔧 .... ⏳ ....
　Porciones 　　　　　　 Preparacion 　　　　　　 Coccion

📋 Ingredientes:　📋 Preparacion:

....　...
....　...
....　...
....　...
....　...
....　...
....　...
....　...
....　...
....　...
....　...
....　...
....　...
....　...
....　...
....　...

📝 Notas:

....
....
....
....
....
....

Receta Nº. 90: ....

Porciones   Preparacion   Coccion

Ingredientes: Preparacion:

Notas:

Receta Nº. 91: ....

🍴 ....   ✂ ....   ⏳ ....
  Porciones   Preparacion   Coccion

📋 Ingredientes: 📋 Preparacion:

.... | ....
.... | ....
.... | ....
.... | ....
.... | ....
.... | ....
.... | ....
.... | ....
.... | ....
.... | ....
.... | ....
.... | ....
.... | ....
.... | ....
.... | ....
.... | ....

📝 Notas:

....
....
....
....
....
....

Receta Nº. 92: ....

🍴 .... ✂ .... ⏳ ....
Porciones   Preparacion   Coccion

📋 Ingredientes: 📋 Preparacion:

.... | ....
.... | ....
.... | ....
.... | ....
.... | ....
.... | ....
.... | ....
.... | ....
.... | ....
.... | ....
.... | ....
.... | ....
.... | ....
.... | ....
.... | ....
.... | ....

📝 Notas:

....
....
....
....
....
....

Receta Nº. 93: ....

🍴 ....   ✂ ....   ⏳ ....
Porciones   Preparacion   Coccion

📋 Ingredientes: 📋 Preparacion:

.... | ....
.... | ....
.... | ....
.... | ....
.... | ....
.... | ....
.... | ....
.... | ....
.... | ....
.... | ....
.... | ....
.... | ....
.... | ....
.... | ....
.... | ....
.... | ....

📝 Notas:

....
....
....
....
....
....

Receta Nº. 94: ....

🍴 ....   ✂ ....   ⏳ ....
　Porciones　　　　Preparacion　　　　Coccion

📋 Ingredientes:　📋 Preparacion:

.... | ....
.... | ....
.... | ....
.... | ....
.... | ....
.... | ....
.... | ....
.... | ....
.... | ....
.... | ....
.... | ....
.... | ....
.... | ....
.... | ....
.... | ....

📝 Notas:

....
....
....
....
....
....

Receta Nº. 95: ....

🍴 .... *Porciones*　　　🔧 .... *Preparacion*　　　⏳ .... *Coccion*

📋 Ingredientes:　　📝 Preparacion:

.... | ....
.... | ....
.... | ....
.... | ....
.... | ....
.... | ....
.... | ....
.... | ....
.... | ....
.... | ....
.... | ....
.... | ....
.... | ....
.... | ....
.... | ....

📝 Notas:

....
....
....
....
....
....

95

Receta Nº. 96: ....

🍴 .... 🔧 .... ⏳ ....
　Porciones 　　　Preparacion 　　　Coccion

📋 Ingredientes:　📋 Preparacion:

....　｜...
....　｜...
....　｜...
....　｜...
....　｜...
....　｜...
....　｜...
....　｜...
....　｜...
....　｜...
....　｜...
....　｜...
....　｜...
....　｜...
....　｜...
....　｜...
....　｜...

📝 Notas:

....
....
....
....
....
....

96

Receta Nº. 97: ....

🍴 ....
Porciones

⚒ ....
Preparacion

⧗ ....
Coccion

📋 Ingredientes:

📄 Preparacion:

....
....
....
....
....
....
....
....
....
....
....
....
....
....
....
....

....
....
....
....
....
....
....
....
....
....
....
....
....
....
....
....

📝 Notas:

....
....
....
....
....
....

Receta Nº. 98: ....

🍴 ....   🔧 ....   ⏳ ....
   Porciones   Preparacion   Coccion

📋 Ingredientes: 📋 Preparacion:

.... | ....
.... | ....
.... | ....
.... | ....
.... | ....
.... | ....
.... | ....
.... | ....
.... | ....
.... | ....
.... | ....
.... | ....
.... | ....
.... | ....
.... | ....
.... | ....

📝 Notas:

....
....
....
....
....
....

Receta Nº. 99: ....

🍴 .... 　　 ✂ .... 　　 ⏳ ....
　Porciones　　　　　Preparacion　　　　　Coccion

📋 Ingredientes: 　 📝 Preparacion:

.... | ....
.... | ....
.... | ....
.... | ....
.... | ....
.... | ....
.... | ....
.... | ....
.... | ....
.... | ....
.... | ....
.... | ....
.... | ....
.... | ....
.... | ....
.... | ....

📝 Notas:

....
....
....
....
....
....

Receta Nº. 100: ....

🍴 ....   ✂ ....   ⏳ ....
Porciones   Preparacion   Coccion

📋 Ingredientes: 📋 Preparacion:

....
....
....
....
....
....
....
....
....
....
....
....
....
....
....

📝 Notas:

....
....
....
....
....
....

Receta Nº. 101: ....

🍴 .... Porciones   ✂ .... Preparacion   ⏳ .... Coccion

📋 Ingredientes: 📋 Preparacion:

.... | ....
.... | ....
.... | ....
.... | ....
.... | ....
.... | ....
.... | ....
.... | ....
.... | ....
.... | ....
.... | ....
.... | ....
.... | ....
.... | ....
.... | ....

📝 Notas:

....
....
....
....
....
....

Receta N°. 102: ....

🍴 .... Porciones

🔧 .... Preparacion

⏳ .... Coccion

📋 Ingredientes:

📋 Preparacion:

....
....
....
....
....
....
....
....
....
....
....
....
....
....
....

....
....
....
....
....
....
....
....
....
....
....
....
....
....
....

📝 Notas:

....
....
....
....
....
....

Receta Nº. 103: ....

🍴 ....
  Porciones

🛠 ....
  Preparacion

⏳ ....
  Coccion

📋 Ingredientes: 📝 Preparacion:

....   │ ....
....   │ ....
....   │ ....
....   │ ....
....   │ ....
....   │ ....
....   │ ....
....   │ ....
....   │ ....
....   │ ....
....   │ ....
....   │ ....
....   │ ....
....   │ ....
....   │ ....
....   │ ....

📝 Notas:

....
....
....
....
....
....

Receta Nº. 104: ....

🍴 ....
Porciones

🔧 ....
Preparacion

⏳ ....
Coccion

📋 Ingredientes: ☑ Preparacion:

.... | ....
.... | ....
.... | ....
.... | ....
.... | ....
.... | ....
.... | ....
.... | ....
.... | ....
.... | ....
.... | ....
.... | ....
.... | ....
.... | ....
.... | ....
.... | ....
.... | ....

📝 Notas:

....
....
....
....
....
....

104

Receta Nº. 105: ....

🍴 ....
   Porciones

🔧 ....
   Preparacion

⏳ ....
   Coccion

📋 Ingredientes: 📋 Preparacion:

....
....
....
....
....
....
....
....
....
....
....
....
....
....
....
....

📝 Notas:

....
....
....
....
....
....

105

Receta Nº. 106: ....

🍴 ....   ✂ ....   ⏳ ....
    Porciones   Preparacion   Coccion

📋 Ingredientes: 📋 Preparacion:

.... | ....
.... | ....
.... | ....
.... | ....
.... | ....
.... | ....
.... | ....
.... | ....
.... | ....
.... | ....
.... | ....
.... | ....
.... | ....
.... | ....
.... | ....
.... | ....

📝 Notas:

....
....
....
....
....
....

Receta N°. 107: ....

🍴 .... 🔧 .... ⏳ ....
Porciones   Preparacion   Coccion

📋 Ingredientes: 📋 Preparacion:

....
....
....
....
....
....
....
....
....
....
....
....
....
....
....
....

📝 Notas:

....
....
....
....
....
....

Receta Nº. 108: ....

🍴 ....   🛠 ....   ⏳ ....
     Porciones   Preparacion   Coccion

📋 Ingredientes: 📋 Preparacion:

Receta Nº. 109: ....

🍴 .... Porciones

🔧 .... Preparacion

⏳ .... Coccion

📋 Ingredientes: 📋 Preparacion:

.... | ....
.... | ....
.... | ....
.... | ....
.... | ....
.... | ....
.... | ....
.... | ....
.... | ....
.... | ....
.... | ....
.... | ....
.... | ....
.... | ....
.... | ....

📝 Notas:

....
....
....
....
....
....

Receta Nº. 110: ....

🍴 .... Porciones   🔧 .... Preparacion   ⏳ .... Coccion

📋 Ingredientes: ☑ Preparacion:

....
....
....
....
....
....
....
....
....
....
....
....
....
....
....

📝 Notas:

....
....
....
....
....
....

Receta Nº. 111: ....

🍴 ....   ✂ ....   ⧖ ....
Porciones   Preparacion   Coccion

📋 Ingredientes: 📋 Preparacion:

....
....
....
....
....
....
....
....
....
....
....
....
....
....
....

📝 Notas:

....
....
....
....
....
....

111

Receta Nº. 112: ....

🍴 ....   ✂ ....   ⏳ ....
Porciones   Preparacion   Coccion

📋 Ingredientes: 📋 Preparacion:

....
....
....
....
....
....
....
....
....
....
....
....
....
....
....
....

📝 Notas:

....
....
....
....
....
....

Receta Nº. 113: ....

🍴 ....   🔧 ....   ⏳ ....
    Porciones   Preparacion   Coccion

📋 Ingredientes: 📋 Preparacion:

.... | ....
.... | ....
.... | ....
.... | ....
.... | ....
.... | ....
.... | ....
.... | ....
.... | ....
.... | ....
.... | ....
.... | ....
.... | ....
.... | ....
.... | ....
.... | ....

📝 Notas:

....
....
....
....
....
....

Receta Nº. 114: ....

🍴 ....   🔧 ....   ⏳ ....
   Porciones   Preparacion   Coccion

📋 Ingredientes: 📋 Preparacion:

Receta Nº. 115: ....

🍴 .... Porciones

✂️ .... Preparacion

⏳ .... Coccion

📋 Ingredientes: 📄 Preparacion:

.... | ....
.... | ....
.... | ....
.... | ....
.... | ....
.... | ....
.... | ....
.... | ....
.... | ....
.... | ....
.... | ....
.... | ....
.... | ....
.... | ....
.... | ....

✍️ Notas:

....
....
....
....
....
....

Receta Nº. 116: ....

🍴 .... ✂ .... ⏳ ....
Porciones   Preparacion   Coccion

📋 Ingredientes: 📋 Preparacion:

.... | ....
.... | ....
.... | ....
.... | ....
.... | ....
.... | ....
.... | ....
.... | ....
.... | ....
.... | ....
.... | ....
.... | ....
.... | ....
.... | ....
.... | ....
.... | ....

📝 Notas:

....
....
....
....
....
....

Receta Nº. 117: ....

🍴 ....
Porciones

✂ ....
Preparacion

⏳ ....
Coccion

📋 Ingredientes: 📝 Preparacion:

.... | ....
.... | ....
.... | ....
.... | ....
.... | ....
.... | ....
.... | ....
.... | ....
.... | ....
.... | ....
.... | ....
.... | ....
.... | ....
.... | ....
.... | ....
.... | ....

📝 Notas:

....
....
....
....
....
....

Receta Nº. 118: ....

🍴 ....   ✂ ....   ⌛ ....
    Porciones   Preparacion   Coccion

📋 Ingredientes: 📋 Preparacion:

.... | ....
.... | ....
.... | ....
.... | ....
.... | ....
.... | ....
.... | ....
.... | ....
.... | ....
.... | ....
.... | ....
.... | ....
.... | ....
.... | ....
.... | ....
.... | ....

📝 Notas:

....
....
....
....
....
....
....

118

Receta N°. 119: ....

🍴 .... Porciones   ✂️ .... Preparacion   ⏳ .... Coccion

📋 Ingredientes: 📋 Preparacion:

.... | ....
.... | ....
.... | ....
.... | ....
.... | ....
.... | ....
.... | ....
.... | ....
.... | ....
.... | ....
.... | ....
.... | ....
.... | ....
.... | ....
.... | ....
.... | ....

📝 Notas:

....
....
....
....
....
....

Receta Nº. 120: ....

🍴 ....   🔧 ....   ⏳ ....
Porciones   Preparacion   Coccion

📋 Ingredientes: 📄 Preparacion:

📝 Notas:

Notas

Made in United States
Orlando, FL
23 November 2023